中山出版
ZHONGSHAN PUBLISHING
香山承文脉 好书读百年

中山客
Mini系列

遇见公园

沈远泉 文
黄正坤 绘

SPM
南方出版传媒
广东人民出版社
·广州·

图书在版编目（CIP）数据

遇见公园 / 沈远泉文 ; 黄正坤绘. -- 广州 : 广东人民出版社, 2018.3
（中山客Mini系列）
ISBN 978-7-218-12705-7

Ⅰ. ①遇… Ⅱ. ①沈… ②黄… Ⅲ. ①公园－介绍－中山 Ⅳ. ①K928.73

中国版本图书馆CIP数据核字(2018)第066735号

YU JIAN GONG YUAN
遇见公园 沈远泉 文 黄正坤 绘

出 版 人：肖风华

责任编辑：李锐锋 冼惠仪
封面设计：蓝美华
装帧设计：陈宝玉

统 筹：广东人民出版社中山出版有限公司
执 行：何腾江 吕斯敏
地 址：中山市中山五路 1 号中山日报社 8 楼（邮编：528403）
电 话：（0760）89882926 （0760）89882925

出版发行：广东人民出版社
地 址：广州市大沙头四马路10号（邮编：510102）
电 话：（020）83798714（总编室）
传 真：（020）83780199
网 址：http://www.gdpph.com
印 刷：广州汇隆印刷有限公司
开 本：787mm×1092mm 1/32
印 张：5 字 数：61千
版 次：2018年5月第1版 2018年5月第1次印刷
定 价：36.80元

如发现印装质量问题影响阅读，请与出版社（0760-89882925）联系调换。
售书热线：（0760）88367862 邮购：（0760）89882925

老街区的人对逸仙湖有着执着的偏爱
无论早晚，总有一群头发花白的公公婆婆
坐在凉亭下闲聊家常
或大笑，或打牌，或与孙儿嬉闹

孫文紀念公園

自序　时光的味道

暮春时分，晨雨初过，枝叶浓翠，韵光渐浓。蓦然回首，客居中山已近十年，而那初到的彷徨依旧清晰可忆，彼时面对人事陌然、孤独图存的境遇，带着淤泥气的我显得忙乱而慌恐。百家饲养的乡土童年，青葱单纯的校园求学时光，都与独立、封闭、忙碌的都市生活大相径庭，强烈的孤独感让我从未想过在此安顿、定居、终老，唯靠工作的勤奋驱赶心中的忐忑。

或许天道会酬勤，经历短暂的烦忧，工作逐渐平顺，生活节奏也缓了下来。此时，我可以从容地看看这座城，城里的生活开始鲜活清晰起来：岭南的烟雨轻薄如絮，把天地笼罩得不分晨昏；蓬勃古榕与古老的骑楼历经风雨，把老街旧巷映衬得安宁而祥和；早起的白发老人在公园里跳舞、唱歌、下棋，去茶楼叹一个晌午的早茶。于是，中山这座古城，就如同一杯温水浸泡的茶，慢慢散溢出迷人的味道。此时，我忽然觉得，在中山生活，或许也不错。

居住日久，我爱上了一些有趣的风物，常常晃悠在城里的老街巷，不经意间发现，曾经的那份生涩陌生逐渐变成了温暖熟悉。或许，在某个清爽的早晨，在某处老旧的街脚驻足，会不期遇见某张爽朗的笑脸，轻易获得暖心的问候；或许，在某个慵懒的午后，在某间风雅的书院，会不期遇上热情的招待，惊喜地发现老板竟然是自己的门生故旧；或许，在某个宁静的黄昏，在某间别致的食舍，与食客随兴聊起，竟可能聊到彼此熟悉的人。我发现，这些年的辛苦耕耘，就如蜘蛛结网，在这片土地已经留下清晰可见的痕迹。此时，我忽然觉得，在中山生活，或许可以很安稳。

此间，刚好遇见了她，遇见了爱情，便遇见了未来。周遭的一切瞬间变得明媚起来。在那些月光如水的夜晚，我们坐着老式的人力黄包车在老街旧巷穿行，没有固定目的地，就这么随意穿梭，在婆娑的榕树影下、昏黄的街灯里、老旧的骑楼下时起时停。车子压在狭窄而斑驳的水泥路面，左右颠簸仿如筛米，轮廓发出咯吱咯吱的声音，轻快悦耳。温柔的晚风吹起，吹落了榕树叶，吹散了紫荆花香，也轻轻吹起了她几缕柔顺的长发，让人忍不住哼起浪漫的歌谣："我想到最浪漫的事……"此时，我忽然觉得，在中山生活，或许可以很快乐。

在恰好的时光，女儿降临了，慢悠悠而平静的生活一下子热闹而忙碌起来。初为人父的激动和忐忑以及对未来的美好期许，让我更敏感地观察着周遭的世界，努力探寻这座城市各个角落，寻找一切美好，以便赠予初生的她一个快乐的童年。伴着她成长的脚步，携带天真与好奇，我重新丈量中山的土地。

我们带着她，走近中山天然的山水，踏访绵延而苍茫的五桂山脉，进入瓜果飘香的田园农庄，骑行水天相如的金钟绿道，攀爬碧翠婆娑的山林公园；我们带着她，走进中山最美的公园，看烂漫金黄的菊花，看浓烈似火的杜鹃，看幽香暗逸的荷花，看明黄耀目的黄花风铃木；我们带着她，去看最古的寺庙、最老的祠堂、最旧的园林；我们带着她，去寻访伟人的足迹，孙中山故居、郑观应故居，以及邓小平“不走回头路”的罗三妹山。

孩子是这个世界最天才的艺术家，作为馈赠，她用最直接的喜怒哀乐，为我的生活色板调上一抹最诗意的色彩。

夏天的老榕树下，小女与小伙伴在低垂如风帘的次生根下肆意玩耍，他们时而逗弄蜿蜒爬行的虫蚁，发出恶作剧般的坏笑；时而翻弄枯叶，为初生的草芽欢呼；时而绕圈奔跑，也能耍出一片欢乐……原来童年可以这么简单。于是，我忍不住用最纯真的诗行记录：

遛娃之逗虫

夏榕生荫凉，

闲娃逗虫忙。

顽兴渐酣畅，

足赤嫌鞋囊。

幽静的荷塘是小女的最爱，即便偌大的公园，孤独得仅剩下我与她，亦可寻找到自己的快乐：随风飘荡的柳枝、肥绿青翠的荷叶、时起时伏的蛙声、剪水穿飞的幼鸟……都让安静的午后带上了独有的诗意。

遛娃之乘凉

荷满幽塘向日青，

鸟幼身轻穿柳荫。

善解清风连地起，

纳凉小娃坐卧倾。

最让我揪心的，莫过于小女那些水深火热的生病日子，动辄 40℃的高烧与让人心碎的咳嗽轮番来袭，活泼的娃儿变得不思茶饭、夜深难寐。除却药石，我唯有用耐心陪伴以排遣她的痛苦，于是北区公园的那些柳树、荷花、水鸟，成为我们最好的伴侣。

遛娃之荷梦

夏暑未消荷香收，

青翠渐残催悲愁。

久病初愈人面瘦，

碎咳偶起惹烦忧。

拟身浅入莲梦里，

怜取柳风依依柔。

这片土地用淳朴与真诚，承载着小女成长的快乐与忧伤。这里的一切在她纯真的眼中，都是那么温柔而亲切。我知道这是她的故乡，或许也是我可以安居、变老的地方。当我携带着她的童年，带着双重的爱去感受、去欣赏这方水土风情时便发觉：在中山生活，或许可以很安好。

恰逢其时，与广东人民出版社中山出版有限公司幸运遇见，于是，我这段生命的风景记于书卷，留待老去的自己、成长的孩子以及有缘的你来翻阅。

目录

1 风水金钟

11 岐江的工业魅影

21 田心森林的清雅山道

30 仁山奇雕小琅环

38 香履云梯

48 神幻时空浮虚山

59 失落的月山

66 石岐遗梦，慢醉慢醒

76 蒂峰山上庙幽香

84 圆融观照的烟墩山

90 逸仙湖晚照

100 杜鹃花事

108 紫马岭的前朝余风

116 华佗山上的仙缘

126 马溪香樟，时光静美

133 名树风流，花木深深

140 树木园的风情道

风水金钟

金钟寄兴

玉带缠水翠玲珑
驱车尽飨一湖风
随取黄皮咂咂味
吹弹汗珠豆花中
闲客喟我中山好
恁须直取绿金钟

金钟水库，一片隐藏在中山城郊的碧水胜境。面积35公顷的湖面碧翠环绕，12公里长的湖岸线蜿蜒曲折，旖旎多姿。在悠长的湖岸线上破风骑行、徒步林荫，感受慢下来的生活，别有一番惬意。

步行于金钟水库，一路上风光秀丽

金钟水库位于中山市石岐城郊新安村内，周围交通便利。走到山脚，你会发现这里到处都是租借自行车的店铺，自行车的类型有亲子的、情侣的、山地变速的、女装休闲型的，多种多样。

金钟绿道绕水而建，游径宽4.5米，全长约12公里，并以12生肖兽首石雕记之。绿道入口处有一条连接水库的小涌，水流潺潺，清澈见底。路径曲折多弯、富于变化，随处可见碧绿的芳草甸夹在浓密的森木之中，空气清新，置身其中，肌肤也会感受到水润清凉。

沿途有些观景楼格外别致，
引得游人纷纷停驻

穿过几个山弯，路过一片种满芭蕉的小山丘，那湖深嵌于环山之中的辽阔绿水，不经意间闯入视线。山风拂来，波澜微兴，山间植被层次分明，湖岸线宛如澄亮的玉带，逶迤缠水，绮丽玲珑，一时美不胜收。

临水的绿道宽敞平整、坡度合宜，随山势变化起伏。骑行其间，时而见隽秀挺拔的松树，时而穿过青翠扶疏的粉丹竹林，路边野草浓密青翠，不知名的野花迎风招展。有时会撞见一大片浅水湿地，白荷、红荷相间绽放，婀娜照水；有时经过一段绿汀，惊起一群水鸟，妙趣横生。驶到开阔处，山风急骤，吹得衣袖猎猎作响，此时如恰好经过一个下坡的大弯，那疾驰的飘忽感，让你觉得胯下的自行车仿若鸿毛，凭虚欲飞。

沿岸巧设栈道、凉亭、观景楼，供游客休憩小驻。面朝悠然的碧水，吹着清凉的微风，疲惫的躯体顿生舒泰。此时最惬意的莫过于从背包里翻出茶水、瓜果、零食，就着明净的湖光山色，与友人分食对饮，谈笑间，连最普通的吃食都可品出人间的绝味。

沿着水库骑行，当可纵享湖光，而内环徒步，亦有别样的趣味。内环道约有 4 公里，只绕了水库的北侧。内环道的山地里栽满了黄皮，林木环绕的草甸上或栽时蔬瓜果，或种植番薯玉米，其间也放养着鸡鸭。对于终日在钢筋水泥中穿梭的人来说，这原始、朴实的农作有着特别的吸引力。

骑行路上，有很多充满特色的小地标，行人总喜欢停下来留影一番

黄皮果含丰富的维生素C，果皮及果核皆可入药，有消食、化痰、理气的功效。其味道酸甜可口，深受人们的喜爱。夏季黄皮成熟时，满山的果树都挂满了累累果实。这些指头大小的果实拥簇成串，饱满金黄，令人望而生津。

村民在路旁的果树下搭起简易的木架，摆上蔬菜、野菜、不知名的药材和那扎眼的黄皮果，简陋售卖。野菜、蔬菜皆为现摘，水灵灵的，还带着湿泥。

黄皮果一个接一个地挂在树上，黄澄澄、圆鼓鼓，十分诱人

野菜新鲜可口，城里人难得吃上一回

那些成串成扎的黄皮，或许是从头顶的枝头刚撸下来的。

吃黄皮很省事，不用洗也不用剥皮，轻轻一挤，内里的果核与洁白的果肉就与皮分离，只需轻启唇齿就可连核带肉一起吸进嘴里。漫步在果香弥漫的林荫道，吃着黄皮，赏着山水美景，脚步不觉慵懒，连筋骨都变得酥软起来，时光在这一刻似乎变得缓慢悠长。

妻子对一种叫马齿苋的野菜情有独钟，每次总要挑拣几摞。我总问她为什么不返程时再买，她却执拗地认为好东西要趁早买，等到日落，就只有挑剩的了。于是，这带着水的菜总能成功入住我包里。

临近出口，有村民售卖自制的豆腐花、凉粉、钵仔糕。这些味道清凉的消暑佳品，让人有一种说不出的喜爱。旁边摆着简陋的椅子、板凳，几方简易的折叠矮桌，一切都显得那么随意与质朴。

跋涉了整个下午，带着大汗淋漓后的舒畅感，遇上一碗嫩滑的豆腐花或者凉粉，即便是坐在咯吱作响的小椅子上，也别有一番风趣。

岐江的工业魅影

粤中造船

千船捭阖入江洪
戍边援朝策勋功
炼得神工惊天地
博取船造一时隆
往事前程仿似梦
唯见岐水自淙淙

20世纪50年代，那是全民大跃进的时代，在岐江河边也曾谱奏出中山城市工业文明最瑰丽的篇

穿插于铁道两旁的一条条白色柱子，修长、错落有致，尽显美学的极致

章。1954 年 7 月 1 日，承载着几代中山人创业梦想的粤中造船厂建成并投产，在此后三四十年经历了起步、兴旺和衰亡的过程。当历史的车轮冷酷碾过，那曾经的辉煌早已坠落尘土。然而，中山人遵从内心的渴望与执着，用最梦幻的方式把那个时代的建设精神与难忘记忆储存起来，这就是岐江公园——一个祭奠粤中造船厂工业精神的城市文化公园。

建成初期，粤中船厂以造木质海洋渔船为主。到了60年代，广东开始加强内河客运，粤中船厂造出了全省第一艘铁质机动客轮“红玉”号，后改称“红星”轮，逐步取代了木质的“花尾渡”。此后，船厂以生产砂钢质内河及沿海运输船舶为主。为了配合国家政策，粤中船厂后来又造出一批专门往返省港运送澳出口物资的运输船。令人惋惜的是，船厂在80年代开始走下坡路，1999年全面停产。同年，中山市政府决定投资9000万元，将旧址改建成占地面积11公顷的岐江公园。

作为中山社会主义工业化发展的象征，粤中造船厂与新中国一道走过了艰辛的工业化进程。在特定历史背景下，几代人艰苦的创业历程在这里沉淀为真实而珍贵的城市记忆。

岐江公园把原造船厂的许多工业老旧物件进行艺术改装，赋予新的文化内涵，打造成类似于工业雕塑的文化景观，进而营造出浓郁而独特的工业文化氛围。园内所有的道路都是笔直的，它们纵横交错，勾勒出星形的路线图，凌厉地切割了整个园区。

这些笔直的道路设计，奉行“两点之间，直线最短”的数学原则，把所有的工业雕塑，如被改造过的厂房、设备玄妙连结，体现工业文明的经济、极简之美。这些路线图就像古巴比伦神秘的“五芒星阵”，那些被重塑的工业遗物则如同布落阵中的法器，仿佛封印了那些即将逝去的工业记忆。当人们进入“阵中”，在直径中行走，观摩这些工业遗物时，造船厂工业文明的记忆与精神就会被人们重新认识、理解，从而产生跨时代的情感共鸣。

公园西北门由龙门架吊塔包浆而成，穿梭而入，仿佛走进了粤中造船厂工业文明的博物馆。在龙门架下，只见两个仿真人像雕塑在旧机器上煞有介事地劳作，仿佛依旧置身于机器的轰鸣与汽笛的呼啸中，历史的记忆与现代的时空交错迷离。与之遥相呼应的是红砖烟囱，一种在现代城市空间消失了的建筑历史标签。烟囱被荒谬地加上了脚手架和超现实的工人雕塑，根据岐江公园设计者、清华大学著名学者俞孔坚的设计，“创造一个场景，两个工人，一上一下，在脚手架中忙活，都不知此地是岐江公园抑或是粤中造船厂”。

龙门架吊塔东北则，一条弦斜直路宛如斜向突

两个仿真人像雕塑在旧机器上煞有介事地劳作，仿佛依旧置身于工业时代

刺的美工刀，串起了两座船坞。船坞卧水而立，一黄一白，色调鲜艳，交相辉映。步入其内，看着镂空的房棚顶，触摸那高大的铁架，让人忍不住畅想起当年火热的劳动热潮与激情。

沿着弦斜直路行走，却见这条斜刺“美工刀”的前端被一排排雪白的柱子隔断，这些白柱光滑修长，冲天而立，列队成阵。柱距间隔均匀，柱列精

致对称。柱阵两边栽种了翠绿的植篱，横竖相间、状如墙垣，仿似迷宫，产生一种悬疑感。

走入柱阵，一道铁轨奇异而突兀地出现，枕木

间铺满了光洁雪白的鹅卵。轨道横贯北南，由远而近廷伸，穿透柱阵，与规整的墙篱、规律的白柱组成神奇的视觉体验。走上去，“似觉有火车随时呼啸而过，有一种惊险与错乱的感觉，这是 20 世纪 80 年代的人的独特体验，时空被拉回从前，让人回到那个单纯而温暖的年代”（中国艺术研究院美术学硕士潘俊峰语）。在白柱阵中跳下铁轨，来不及放飞想象，却见一个奇怪的红色盒子。刹那间，思绪被干脆利落地转移，我的脚步被牵引着走向它，想去打开这个盒子的秘密。

红色的盒子含着两潭清水，任由两条直径如剪刀般把盒子一角无情剪穿，上瓣直通柱阵，下瓣直指另一奇特红色建筑——骨骼水塔。“用什么样的形式装下这块场地那段时间曾经发生过的故事？”（岐江公园景观公告牌）那些自力更生、艰苦奋斗往事，“被构思为一个红色的空间装置”（岐江公园景观公告牌），当时已惘然的情绪，则落入幽幽的碧水中。盒子外，“栽植了白茅草——当地最野的草，两株高大的英雄树——红木棉，渲染了蛮荒与历史的气韵”（岐江公园景观公告牌）。

锈迹斑斑的工业文明的遗物，依旧
热切地向后世人展示它当年的风采

思绪随着“剪刀”的切割，被剪接到了骨骼水塔。它是原来船厂的水塔，原本是水泥、钢筋构筑。“水泥钢筋的结合带来巨大的建筑革命，它最早使摩天大楼成为可能，同时也促使建筑地域特征的消失”（岐江公园景观公告牌）。而今“水泥离场”（岐江公园景观公告牌），留下钢筋，倚着一片翠绿的白茅在“原地思想”（岐江公园景观公告牌）。

曾经的白茅，在这片土地上野蛮生存，陪伴着粤中船厂诞生、辉煌与死去。而今重生在当下的白茅，将再次见证中山人的新文明征程，这便是“野草的足下之美，把生活的日常美唤醒”（岐江公园景观公告牌）。

岐江灯塔驻立在榕岛上，与骨骼水塔隔水相望。它原是旧厂区堤岸的水塔，加设了通体玻璃罩。这泛着科技之灵光的玻璃外衣，如同那晶莹剔透的琥珀“包裹了时间”（岐江公园景观公告牌），让往昔的水塔如古昆虫般被凝固、封存，让旧时的记忆如古榕树般历经风雨，却不惧沧桑。

水塔、灯塔互为崎角，它们共同守望着一块“珍宝”——粤中船厂创造的船坊。旧船坊坐落在双塔视线的交汇处，有一种“陆上行船”的怪诞感，却把工业文明的精髓具象化呈现。曾经，这些船只穿行在珠江水系，甚至在“抗美援朝”的时刻，也曾华丽现身。

工业文明的遗物，就这样被巧妙地装进了岐江公园的现代时空，让经历过或不曾经历的人，都深深陷入对那一场浩浩荡荡的工业潮流的追忆中，因跌宕起伏的工业命运而心潮叠起、意气难平。

田心森林的清雅山道

山　风

田心森林山道奇
自在山风耍性皮
柔时最爱挠耳语
劲时偏喜撩人衣

“有一种寂寞，身边添一个可谈的人，一条知心的狗，或许就可以消减。有一种寂寞，茫茫天地之间余舟一芥的无边无际无着落，人只能各自孤独面对，素颜修行。”现代作家龙应台的这段淡雅文字，总在不经意间击中人的心扉。岁末妻儿远行，落单的我转街过巷，穿过人潮却无所安，竟生出一种被世界遗弃的寂寞。于是在一个阳光明媚的午后，寻一段山，孤独行走。

田心森林公园，就是那一处红尘道场，可供暂时托付，寡素修行。当车子闯入园门那一段陡峭坡道时，车身仿似飘逸横飞，那夸张的夹角急弯，让视野急速变换，须臾间生出整个世界都被甩在身后

走进田心森林公园，心灵仿佛得到洗涤，可暂时忘却烦恼

于山野间拾级而上，两旁树木
郁郁葱葱，令人心旷神怡

的错觉。

坡度很快变缓，车子驶过一个直角弯道后便轻松地进入了公园的停车场。

这是一个用沙土铺就的大平台，群竹环绕，青翠掩映。透着山野的清廓，就连停驻的车子都多了几分清雅。

站在山麓，可轻易感受田心森林植被的丰茂。这里翠竹蛮生、拥簇成林，参木灌丛、间杂相缭。山风吹起时，绿翠婆娑间便觉原野之气席卷而来。森林公园的进山主道与普通公园不同，是沿着山体开辟出来的，像盘山公路。

山道沿着山势起伏延伸，行走其上，金灿的冬阳温柔披照，视野一片清阔。山风飘忽不定，时起时藏，时柔时劲，旖旎流转。轻柔时如呢喃细语，劲道时似撒娇时的嗔怒，让人如天际那一片时卷时舒的白云，怡然如醉。

驻足侧耳，野禽的啾啾、山虫的轻鸣混着山风的微呼，汇成婉转动人的天籁之音。沉溺在自然的韵律中，仿佛能感受到身体与山脉一起呼吸，那一道道的清凉倏然入体，整个人似乎都酥然融化，化

小溪潺潺，从中捧一掬清澈的流水，瞬间觉得清凉十足，疲惫的心灵也得到洗涤

进沁人的山风里，化入绵翠的群山中。

原来当大千世界的纷扰被清凉对待时，才能悟到，那些看似无所着落的心绪，只不过是因为在人生剧目的爱恨得失中入戏太深而已。

前有孤亭，凌立山顶。我欣然捷足攀上，只觉阳光铺洒，四面临风，竟有凭虚御空之感。极目之下，群峰环绕，碧翠重叠，无边秀色任取片鳞，便足飨最清冷的寂寥。

随山道回落，可遇见一片旖旎秀美的凤尾葵。凤尾葵似竹子般层节丰富、清逸修挺，却又不似竹子般拥簇成堆、联结生长。它似松柏扶苏间生、成排成行，却不似松柏参天耸立、青苍遒劲。它通体碧绿，无旁枝岔节，叶子修长柔软，远远望去像数不清的流苏。

当山风吹起，蜿蜒成列的凤尾葵枝叶扶摇、娉婷生姿，宛如一群翩翩起舞的娇俏烂漫少女。那份出尘的潇洒，让人一见倾心。

在坡道欲尽处，一道清澈的溪水跃进眼帘，在阳光的倾照下，水面鳞鳞发光，仿佛溶入了无数清澄的琉璃。流水淌过细碎的山石，穿过丛生的杂草，

洁白的花瓣随小溪逐流，
散发一阵阵幽香

小溪旁，丛林间，行至水穷处，坐看云起时

有时载着碎落的花瓣，有时卷着青翠的竹叶，仿佛把群山的悠悠气韵都浸染了。我忍不住卷起袖管，那一捧柔软的清凉是如此轻盈，仿似掬入了大山的一缕幽幽轻梦，让人痴然着迷。

不期然走回起初的停车场时，已然发现，心中那份无着落的寂寞，早已跌入山林宁静深远的虚怀，不复得见。

快到山顶了，行人高兴地挥动着登山杖，要朋友拍下激动人心的一幕

仁山奇雕小琅环

醉琅环

醉仙琅环钟神秀
造化虫雕梦幻奇
嶙峋石怪龙虎踞
苍莽古树盘蛇屈
记亭仁者多骚意
乐山乐水总相宜

无论是小琅环“醉留神仙蓬莱石”的神奇传说，抑或“微观美学小孔虫”的宇内奇雕，均已蜚声中外。闲暇时，或可到小琅环公园寻一时清欢，借此聊慰几缕都市染落的风尘。

来时纵然已做充分准备，但当直面一百多座精妙绝伦的有孔虫石雕时，我仍被那变化多端、异想天开的玄奇造型所震撼。那些间落在花草中的石雕，在山丘上静默肃立：或似幽冷的手雷，透着冰凉的金属对称美；或似天外飞碟，充满科幻未来感；或像白鹤之翼，优雅展开；或如精美的西洋圆号，正发出嘹亮的乐声；或似气血充盈的心脏，澎湃跳动；或似俏丽娇娘的媚眼，魅惑撩人；或似昂首瞭望的蜗牛，萌态可人……在阳光照射下，石雕雪白晶莹，散发着迷离玄奇的魅力，让人宛如置身童话。

有孔虫是有壳的海洋单细胞物种，平均长度约一毫米，壳形态变化多端，至今约有五亿年的地质历史，已知其种类在古代达四万多种，现今留存六千多种。园中的雕塑，是依据从事有孔虫研究半个多世纪的中国科学院院士郑守仪亲手雕刻的有孔虫类模型，放大至原标本的数千倍而制成。

大自然的神奇总让人无比惊叹，芥子微末之间，竟然有如此精绝的物种。如此简单的单细胞物种，却能穿越无尽的时空，存续亿万年，真实记录大千

来此寻石，寻一缕清欢，足以慰风尘

世界的恢宏演绎。当人类运用科技与美学将造物主的杰作巧妙复刻后，那蕴藏其内的磅礴想象与苍茫创造，便化作永不凋谢的智慧之花，娇俏绽放，让每一个邂逅的过客，都为之倾倒。

然而这本可浑然一体的自然之美，却因山丘顶端那一片黄土砂砾的暴露而遭破坏。但逢有风吹起，粉土便纷扬落下，让洁白的雕刻蒙尘。我刻意走上去，只见那里沙土平整、松软，显然被精心整理过。黄沙之间夹杂着许多枯败的大树墩，切口有脸盆那么大，原树必有合抱之巨，年份应算久远。

大树原本参天耸立，绿荫成片，映衬着那片精美的石雕，到底是怎样的创想，非要如此执着地把老树铲除？我跑到山麓去寻找重修的规划图，只见图上一片片齐整的花花绿绿，排列成简单的几何图案，似要把这片山丘改造成粉嫩的花花世界。看来，规划者对花开富贵、喜气洋洋的氛围情有独钟！至于什么“生态美学”“环境主义”，及古人所谓的“天

石雕之美，实为工匠的巧夺天工

人交合”“天地的大美”，根本不入其法眼。

绕过那片黄土，踏入山石径，便可寻访蓬莱石的仙踪。行不多时，在一片老树荫下，两块硕大的片状山石撞入眼帘。它们倾斜相盖，层叠成洞，洞内有一泉眼，泉水清澈，这就是当地村民称之为神仙洞、石室或石仔屋之地。果真如《香山县志》所载：“片石成岩，嵌空为室，中引泉脉。”据闻，清嘉庆乙亥年（1815 年），桥头村举人郑荫棠游览至此，见胜景状似玲珑精巧的玉坠环，遂将之命名为“小琅环”，并题写镌刻在洞顶前沿，复又在洞壁上题字留诗。

钻入洞中，只觉一阵清凉沁脾，洞壁上的题字“石仙洞”“松风水月”“松风”“琴音”依旧清晰，反而洞左壁楷书阴刻的两首诗较难辨认。一首为：“好是蓬莱石，飞来枕一溪。地无烽火劫，洞有岭云栖。载酒看花笑，煎茶听鸟啼。天然山水意，壁上喜留题。”另一首为：“坐领此中趣，清幽俨鹿蹊。心随流水活，目极远峰低。松阴迟归鹤，钟声杂午鸡。徘徊忘日暮，牧笛下山西。”相传，石屋顶上留有一脚印和酒杯印，是神仙路经此地，被美景陶醉而

刻有“小琅环”字眼的石洞

久坐留下的。

爬上屋顶后，我并没有辨认出脚印和酒杯印，于是效仿“神仙”坐下赏景。只见四处碧翠簇拥，又有清风徐拂，景色确实醉人。可惜那些丢弃在草丛的塑料纸屑总是恼人地闯进视野，煞了风景。遂心生悻然，重新走上石径，登高而去。

石阶主道崎岖蜿蜒，时有岔道如蛛网歧分，犹似数尾灵蛇缠游通幽。这里的树木繁茂丰盛，天空被切割成无数湛蓝斑点，层层叠叠的枝叶隔断了冬日的阳光，只余零碎光点洒落地面。拾阶而上，间遇硕大怪石，嶙峋塞路，需要小心绕过；苍劲的古树，错节盘根，当空横隔，唯有躬身穿行而过。越往上行，山路越发弯曲陡峭，汗水开始流过额颊、浸湿衣衫，喘息声也变得粗重。此时举目远眺，往往会欣喜地发现，总有亭子掩映在一片青翠之中。入亭歇脚，只觉清气入体，浊气排空，天地一片清朗，让人莫名感沛草木供养的慈悲。

最可喜的是亭子皆具名，并附有书法家所作的亭记，颇有意韵。如陕西书协主席雷珍民的亭记：“唐代诗人李白《独坐敬亭山》中有‘众鸟高飞尽，孤云独去闲’之名句，此意可喻三乡人民安居乐业、从容有得之生活，兹取其诗意为亭名，并为记。”

又如原中国书法协会副主席陈永正的亭记：“丽日初生、层峦遍绿、流泉不息，如闻琴韵，祥瑞之气氤氲交融，令人心和意悦。爱赏春阳，因筑此亭，名曰喜晖……”仁者乐山，原来在这繁茂的森木间，即便时空错隔，人与人的心意竟也能如此清澈相通。

香履云梯

登云梯山

峻耸古梯入云天
更具嶙石半塞间
莫道前途攀登险
自有清风送到巅

南朗云梯山下，掩藏着一片惊心动魄的黄花海。每当清明时节，那片平素沉默的树林，仿佛一夜之间被染上了色彩，料峭黄花一树树绽放，漫山遍野，壮美瑰丽！

每入花期，我总爱约三五知己驱车前行，踏春探花。刚入南朗合里村，在村口牌坊不经意地远望，那一片明艳浓烈的纯黄便放肆地撞入眼帘，如同一道笼罩在山麓林间的纯粹黄霞，又像凝固春光的琥珀，显得明丽而纯亮。当拐入前往云梯山的小道，车子如同驶入花海，两旁黄花似锦，我迫不及待地停车，去尽情拥抱这片纯黄。

这是一片不染杂色的纯黄，在怡人的早春，叶子还未长出，朵朵黄花却堆满枝头，酣畅怒放。一树树开得肆意盎然、率真活泼，如同涂抹了世间最生动的明黄画料，将这一片山林化作最壮丽的油墨画卷。

这是多么神奇的一抹黄色，是那样骄傲，那样妩媚，它以最恣意的姿态展露着生命的美丽。即便站在远方，一瞬的邂逅，这坦荡的美便可把潜藏在人们心底那最单纯的欢欣唤醒，让人无可救药地爱上它。

走近细瞧，那浓艳逼人的黄花仿佛一个个小巧的风铃倒挂在枝头，显得娇弱玲珑。当春风拂起，这一串串“风铃”仿似披着黄色霓裳，飞舞摇曳，

小黄花如豆蔻年华的少女，灿烂
绽放着充满活力的笑容

那簌簌的声响酥脆入耳，似乎真有清亮的铃音传来，让人不禁心生欢喜。这片花木被唤作黄花风铃木，是如此浪漫而贴切。

散步林中，春阳暖暖，抬头望去，金灿的光芒泼洒花枝，把花儿映衬得愈发鲜艳。不时有几片花瓣随风零落，化作星星点点金黄，点缀地面，把这一片天地装扮成别具一格的童话世界。如此花景，宜独赏，看那花俏闹枝头；宜家小齐入，看那蜂蝶恋花舞；宜三五成群，待那花黄染肩头……在繁花下，宜含蓄静默；在绿草上，宜翩翩起舞，在青木间，宜闲谈嬉笑……或坐或行，都会喜不自胜、陶醉其中。

穿过这片黄花风铃木，便到了云梯山道，这里的早春又可用另一种色彩表达，那就是欲滴的翠绿。虽然不似黄花那般灼目逼人，却胜在清新怡人。

云梯山道的绿意，清新
怡人，绿得十分纯粹

山径上万籁俱静，偶见阳光在枝叶间闪烁。草木葳蕤之处，青苔在湿润空气的催生下长势喜人，蔓延至山径，在砖缝里生出点点绿意，在砖面上濡染层层淡绿。行不久，便在半山遇见几块巨大的嶙峋怪石，外表呈棕灰色，边缘平整得如刀劈斧削过一般，与茵茵绿草相衬，可以随时入画。经过某处转角，有块近 3 立方米的大石盘卧，上刻“云梯”二字，字长 70 厘米，宽 65 厘米，据说是明代余迹，但不知出自何人的手笔，只见笔触飘逸恣意。

几经蜿蜒，地势开始平缓起来，登山梯径消失不见，一片柔美的湿地呈现眼前。这是一方处于半山腰的水塘，塘内植物蓬润生长，占据大部分水面，只剩一条狭长水镜，倒映着天光山翠。这山塘早有来历，古名“宝鸭池”。

据历代《香山县志》记载：“云梯山，昔有张、许二道人结庵绝顶，今石扁犹存。高百余丈，广六里；在县东四十五里，极峻之处有石状如鹰，其凹处豁然成湖，广数亩，名：宝鸭池，池上为庵场旧址；半岭有‘泉庄’二字；石刻下十余丈，有‘云梯’二字。”古时此地的景色极美：“石刻见金石，

一览众山小的快感，
让每个行人驻足许久

岫壑冲深风，林清旷宜乎，云客宅心继响窟岩，往者忘归矣。”

据明嘉靖版《香山县志》记载：“许道人者，泮沙许东斋女也，幼有超尘之志，父母禁之，不可遂清斋入道。先有磈石和尚创庵云梯山，号张道人庵。至是修而居之，经年独处，常有虎卫其庐，人谓其得道云。”如今，张道人庵早已不复存在，但山上的许仙姑庙香火依旧。

我们在山塘一旁找到一条登山路，向着许仙姑庙进发。经过一番向上攀登后，开始下坡，即将抵达许仙姑庙时，脚下的路忽然变得陡峭，呈“之”字形向下兜转，连续几个弯，让人不由得小心翼翼起来。许仙姑庙很小，绿瓦灰砖，庙柱上题有对联“西灵开道果，南宋仰仙风”。庙内有壁画，画的是仙姑求道的传说和渔舟唱晚的风景。神台上安放有三位仙姑的塑像，分别姓许、林、何。每逢农历初一或十五，附近的村民及一些港澳人士常来敬香祈福。

由许仙姑庙下来顺路而行，不久便到一个岔路口，往右再行一段路，可遇见“玲玉林”，这是一片乡土沉香木，林旁边修着一座朴素的玲玉亭。阮玲玉是中国近代史上的奇女子，在其短暂的25年人生中，主演29部电影，是中国默片时代的无冕“影后”。可惜，天妒红颜，如此惊才绝艳的女子，却红颜薄命，一生深陷情感纠葛，饱尝人世悲凄，无依无靠，直至身陨化魂，着实令人叹惋。对于这个苦命的女子，家乡人用最朴素的亭楼以及乡土的沉香木表达对她最深挚的缅怀与怜惜之情。

或许上苍有灵，前一刻还阳光普照，现在却下起雨来。我们顺势入亭，亭子地面和柱身均为红色花岗岩，地心有一幅荷花图。据闻，石料均是由驴运上山来，可见当初建亭，殊为不易。此时，山林不语，唯闻凄凄雨声，亭外的沉香在春雨之中愈发萋绿。

我沉默地坐在亭内，看着雨渐稀而收，走出亭子，觉有微凉生起。不知雨后，山脚下那一片黄花，被风雨吹落多少？那飘落的花雨，该是怎样的凄美绝伦？或许，这黏稠的烟雨、凄零的黄花与山间的灵气能招引那一缕无依香魂回归故土？

我的心情不禁变得激动起来，催促友人加快下山的步伐，走向来时的黄花风铃木……

神幻时空浮虚山

咏紫荆花

浮虚鼎旁生
元兴塔前艳
夭夭拥幽径
盈盈落冢边
生当迷人眼
死亦醉鬼眠

诗云："坐阅人间几劫灰，试从清浅问蓬莱。此山此水自古有，是佛是仙何处来。"明清之前，浮虚山是古伶仃洋的一座神山，居于“苍然烟波之上”，缥缈神秘的色彩可比神话中的蓬莱，其中的“仙佛情缘”可上溯至先秦的《山海经》，传奇于唐宋，绵延至明清。斗转星移，世事变幻，如今那一片浩荡的海面早已隐退，往昔神佛古迹早已不见踪迹，只余野木寂落，但灵毓之秀仍遗。

走近浮虚山，一座颇为壮观的牌坊矗立山脚。厚重的大理石柱，三层黛色琉璃檐顶，正中金字横额——“浮虚山”特别显眼，两侧双向楹联——“浮山古迹千年瑞彩辉殷阜，虚谷春涛十里银河聚锦沙”，颇具古风。入门左侧山石铭刻“山不在高，有仙则灵”及“香山佛道始浮虚”，诉说香山佛道之源。

浮虚山的仙名由来已久，晋朝郭璞版《山海经》所注“南有浮石山”似乎就是此地。隋唐五代，中国道教兴盛之时，就传说浮虚山有仙、龙而扬名海内，与山东蓬莱并称。因浮虚山的山名与道教倡导的“虚无”相配，而得道家的神往。

宋朝邓光荐《浮虚山记略》：“凡形于太虚皆浮也……番禺以南，海浩无涯，岛屿洲潭，不可胜计，其为仙佛之宫者，时时有焉。未至香山半程许曰浮虚山，山虎踞而凤翥，钟悬而磬折……”更是详细记载浮虚仙佛胜境。

穿过门坊，眼前一片荫绿，丰茂植被依山叠翠，几树紫荆烂漫开放，红白相间，仿佛点点繁星，点缀于绿叶与树梢之间。花朵密匝压枝，十分茂盛，但却清素淡雅，淡淡怡人，衬出浮虚山麓的幽寂、安稳。

步入山中林道，愈觉幽静阴凉。道旁依山凿开一方幽池，修筑竹篱笆、环植紫荆、放养锦鱼，一侧木质水车。水照花容，碧翠相拥，流光盈盈，鱼闲人静，

大理石所筑的浮虚山牌匾，簇拥于草木之间，尽显幽静之感和仙灵之气

一派隐逸之气，颇得雅意。

愈行愈深，林道愈发幽深空寥，阴润之气愈盛，有一大段栽满紫荆花木的山道。只见两旁枝丫连理，绵延伸入山体，紫白相间的花儿挤满树梢，绵密似锦。紫红与纯白向来给人清素淡雅之感，但树树相挨挤，连绵成堆，在这重重青翠间，生生堆积出娇媚之气。

八个字，道出了浮虚仙气之所在

沿道右进，向浮虚鼎方向走，可遇小小拱桥与淙淙流水，苍翠蓬遮，荫盖幽径，时有林风飒飒吹起，有黄叶飘落，点缀步梯路面，自有一股寂幽出尘之气韵。时遇朱红亭子，其黄色琉璃在绿叶中若隐若现，有光自瓦上流转，返入森林，复照青苔，让山色更加活跃。

山梯愈加陡峭，山林浓密，路旁黄叶堆满，有荒莽原野之气。当汗流浃背、气息微喘之时，眼前一片清廓，一方壮观的三足鼎突兀出现，“纯朴而雄伟，沉稳而坚实，端庄而厚重，威严而祥和，像蹄佛肚顶天立地”。此鼎有四方底座，一面篆刻鼎铭，底座三面刻石雕。鼎铭称：“浮虚宝鼎，以古迹命名，青铜铸造，两耳三足，重十三余吨……夔纹兽饰，九龙环绕；身圆座方，循天地之哲理。”其余三面石刻则是阜沙古今的景象，分别是浮虚春涛、沃土灵虚、殷阜锦沙三幅图景。

站在鼎旁远眺可看见一派成熟的城市景观，难以想象，浮虚山下曾经是一片汪洋的浮虚海，诸多古籍却对浮虚海有详细记载。《大清一统志》：“浮虚海在香山县北七十里，亦曰横江，自新会县分流，东经大黄圃、小黄圃曰倒流海，东南经浮虚山曰浮虚海。”明嘉靖版《香山县志》：“县东北海中一百里大海之东曰三角，大海之西曰坡头，皆护浮虚……石岐海在县西北接浮虚南入洋。”

宋邓光荐《浮虚山记略》更是对仙山胜景“浮虚春涛”进行精彩描绘：浮虚山“其为仙佛之宫者，时时有焉……山虎踞而凤翥，钟悬而磬折，苍然烟波之上，四望无不通方，空澄而霁，一望千里，来航去舶，棹歌相闻。及微风鼓浪，喷薄冥冥。舟望山咫尺而不可到……”浮虚海处于咸淡水交汇区域，鱼类丰富，是天然的淡水渔场，必有无数渔船作业；同时亦是商运要道，多少船只穿梭往来，又有多少香客、游人舟渡离泊，整个浮虚海域将是怎样的喧嚣热闹！

下了鼎台，折迂而走，一路可见成列的杜鹃花、山茶花，颇为养眼。行不多时，远远可见一尊通体金黄的观音雕塑高高矗立，隐隐有禅音传来，那里便是姻缘广场。走近广场，四处绿树围绕，场地空旷，观音铜像前有长方形铜炉，炉内香烟袅袅，炉前摆满瓜果祭品，铜像后有成列墙体，布满经文雕刻，颇显气派。

绕过姻缘广场，向浮虚山另一标志元兴塔进发。此时，山道变得平缓，两旁的紫荆花逐渐多了起来，在兜转的坡弯处总能欣喜地遇到几朵鲜亮的花儿，走走停停间便遇一座名为平安楼的亭楼。此亭颇高，分两层，中间有旋转楼梯通上二层。登楼瞭望，许多青翠松柏杂错于不知名的草木间，松柏之下有不少坟冢。看来，即使浮虚山的仙佛古迹早已不见踪影，曾经的仙幻奇景也归于平寂，但曾经的仙名，依旧让后人崇拜，他们把先人遗骨葬于此。每到清明，片片纸钱与灿烂的紫荆花上下飘飞，总显现出一派奇异而鬼魅的色彩。

沿着曲径继续前行，紫荆花逐渐茂密，连绵向前，延伸至“篱翠楼”时，竟已列花成阵，蔚为壮观。“篱翠楼”是一座圆形的双层亭楼，琉璃瓦檐、朱红栏杆、雕梁画栋，色彩明亮鲜艳，散发着江南婉约而绮丽的风情。

紫荆花绚烂绽放，一树树簇拥着楼宇，纤巧的花枝仿若纤纤玉手探入楼栏，飘落缕缕的幽香。登楼观赏，繁花似近实远，伸手不能及，楼内梁栋红碧鲜亮，勾画着山水、马、鸡、白鹤等明艳的油墨画，花与楼相衬相映，紫红、纯白、明黄、青碧……眼睛渐觉迷离，仿佛置身于画卷中。春风乍起，卷起阵阵花雨，那盈盈花瓣，飘入楼宇，沾湿发衣，零落坟冢，竟呈现出一股壮烈而决绝的凄艳之感，这开至荼蘼的花儿仿若誓要把美丽尽数绽放，生当倾迷世人眼，死亦颠倒往生魂。

惜别“篱翠楼”，沿路续行，那一座七层楼高的元兴塔就在花之末端，在道之尽头擎天而立。此塔乃新建之物，仿古风格，取名“元兴塔”，与浮虚山历史上出现的元兴寺相关。

据《香山县志》及有关史料

元兴塔器宇轩昂，擎于浮虚山之顶，
伴着山中的灵气，从清晨走到日暮

记载，盛唐之时，皇帝下诏大兴道观，“仙气凝聚”的浮虚山就开始兴建道观“真武堂”。随后两三百年间，多次扩建，到宋朝初年，浮虚山上的真武堂规模最大。

宋朝开国以后，佛道两教由互排到互融，浮虚山的真武堂扩建后改称元兴寺，道祖“三清”和佛祖如来被供奉在同一殿堂中。走进元兴寺，既能朝拜真武大帝，也能朝拜观音菩萨，成为香山乃至珠三角民间的“仙佛情缘”历史根蒂之一。清初，元兴寺供奉佛道的香火最盛，可惜到了清嘉庆年间，遭遇匪乱，元兴寺也彻底被毁，让人不胜唏嘘。

如今，只能修塔作纪，曾经“道佛情缘”的奇景只成追忆，延续千年的佛道衣钵彻底葬送，成为阜沙人的心头遗恨。

失落的月山

月山怀古

铁城摧崩岐海空
文物残墙老树茏
七星伴月今何在
唯遗孤月泣清风
古来风云多少事
皆付今人谈笑中

月山公园，用“月”与“山”命名，带着无边诗意。曾经的多少无忌童年、懵懂青春，都抛掷在那一棵棵老榕树的光阴之下。每当念及，心灵最幽僻的角落，总会生发一缕淡淡的思念。

拐入扒沙街道，钻入三帅坊，看到那低矮、老旧的民房，狭窄、破败的小弄道，顿生一种被时代抛弃的失落感。旧日的时光渐渐浮现于脑海，看着这熟悉又陌生的故地，不经意间，脚步竟然有了些许怯意。思绪如天际的云霞无序地舒卷，而那一段石岐古城的破旧残墙就那么突兀地钻进视野，让人猝不及防。

这面孤寂数百年的老城墙，愈发破旧老衰，剥落的墙面沟壑纵横，墙体残缺，红砖外裸。骑墙而生的几株百年老榕树，却依旧那样苍劲葱绿，繁密茂盛的树冠遮天蔽日，经年的风雨仍不能消减其昔日的风华。只是那满墙的次生根如同老叟的根须般苍老，缓缓诉说着逝去的岁月。

曾经的石岐城，经历宋、元、明、清数朝的兵戈纷争，依旧巍峨雄壮、固若金汤；退海寇，守县境，泽被乡梓，阻挡无数兵戎流血之祸，被称为攻不破的“铁城”。而今，那惊世赫赫煌煌，都随石岐海淹没在悠悠的岁月之中，空余断壁残垣孤寂苍凉。

牌坊红墙斑驳，显出被岁月雕刻过的痕迹

就连这最后的一段残墙，也只能被当做文物供奉一旁，方能挽留其最后的遗响。

沧海桑田，世事骤变。或许唯有同样沦落的月山公园，方能与之毗邻作伴，使其不至于孤苦伶仃。

月山公园的老牌坊依旧低矮简陋，暗红色的水泥墙暗淡无光。干枯、灰黑的青苔爬满了牌坊横额，如同黏了一层干裂的老皮，把雕刻其上的“月山公园”四个红色楷体字衬托得更加猩红耀目，宛如夕阳垂落的最后一道余晖。

年久失修的水泥路阶呈现黯淡的苍灰色，残破皲裂，青苔覆染，几株杂草从裂缝中野蛮钻出，肆无忌惮地享受着阳光雨露。灰暗的路面开裂而潮湿，墙角、墙缝的青苔与杂草疯狂生长。踏入园中，散落四周的老榕树如往昔般青苍翠绿、生机勃发，只是那恣意的次生根仿佛落荒浪人的虬髯，显得凌乱而颓唐。

水泥小路旁的石狮子已被野芋艿簇拥，“郑族敬送”的刻字依稀可以辨认，但也已经越发模糊。那座绿色琉璃瓦的三门老牌坊，矗立在棕榈叶与古榕枝丫间，一如往昔。与之相邻的假山神龛，供奉着观音，却杂草间长，只见神像不见香火祭品。园中那几座朴素的凉亭，色泽古旧、造型简约，与老牌坊相互映衬。

最触目惊心的，却是那段破旧不堪的残墙。墙面爬满青苔、砂浆剥落，青色的墙砖已赤裸在外，处处透着岁月侵蚀的苍老，仿佛只需一阵风雨就能使之轰然倒塌。

园内有稀落的垂暮老人，他们或孤独地坐在闲置的石凳上静默不语；或孑然伫立在老榕树下，腰身佝偻；或三五成群围堆打牌，意趣阑珊。偶尔的闲谈，用的却是那最正宗、最纯粹的石岐话——没有被异地方言侵蚀的“土著”语言。对于我这突然闯入的青年，他们稍显诧异，看向我的眼神多了几分古怪与意外。显然这里鲜有生人到来。

原来这里，已被青春遗弃！忆往昔，这里曾是孩童们的游乐场。抓蟋蟀、斗蜗牛、逗蝌蚪、弹纸角、掷石子、辘钱牛、弹玻珠、跳飞机、跳六格、拍公仔纸……这些留有年少印记的影像，就在相似的古榕树下，在斑驳的老残墙脚，在荒凉的神龛前，日渐变得模糊起来。

凉亭旧道，大树繁茂，虫鸣鸟叫

轻风微起，随风传来几声鸟叫，飘落的枯黄榕叶，依稀宛如昨。我黯然地走在熟悉的小径上，耳边传来经典粤剧《帝女花》的唱段。我循声望去，首先映入眼帘的是一台上世纪古旧的调频收音机。原来一位花甲老人在园中最寂寞的角落，独自听曲。夕阳如血，白发苍苍，令人顿觉沧桑。

遗落在无限黄昏里的，不仅是童年的纯真，那些消失的“唱龙舟调”与“说书”，又是谁的独家记忆？

石岐遗梦，慢醉慢醒

荷塘夜行

时时起舞自在娘
处处蛙声幽草塘
步踏灯影无懒夜
夏雨荷风丝丝凉

中山，是一座适合慢生活的小城。它没有现代都市的不夜风景，也没有历朝古都的文化沉淀，但处处蕴藏着生活的质朴与喜悦。行走在街头巷陌之中，随处可见简约小巧的休闲公园。几株老榕树，几畦绿植，几方石桌小凳，几套健身器材……不求精致华美、恢宏气派，却刚好装得下闲暇时的家常闲话、饭后的恬淡消遣。每一个来到中山的人，无论工作或游玩，都会不期然被这份安稳静好“耽搁”了脚步，仿佛时光都变得从容了。

久居石岐老城区的我，对一路之隔的石岐文化公园有着特别的喜爱。一池荷莲清香幽谧，两顶闲亭清风回流，几簇修竹青翠欲滴，几株垂柳绿绦依垂，算不上有多精美的景色，却足以闲暇停驻，聊以意兴遣玩。

几排简单的健身器材，一座普通的滑梯，几张简朴的乒乓球台，承寄了老人与小孩诸多的欢愉时光。而那两个修葺一新的篮球场，则成为年轻人驰骋的热血“战场”。

篮球场旁边有一个简易的平台，几盏彩灯，一方彩绘背景，随意拉来的简单音响器材，带上轻便的乐器，便构筑一方简约的表演舞台，可随性歌舞弹唱，释放文艺的热情。

每逢周末，这里便会举行舞会、音乐会，许多专业的民间文艺团体常来参加演出，如音乐协会、

纵使两鬓斑白，仍不改歌舞青春的热情

曲艺社、舞蹈协会、原创音乐协会等，都是一些退休的文艺骨干，可能两鬓染霜、体态稍臃，但经多年文艺修养，其一颦一笑仍美妙动人。这里的舞台从不寂寞，即便篮球场上摆满了塑料凳，也无法承载观众的热情。每逢演出，四周总会围满兴致高昂的观众，最欢畅的要数那些被广场舞熏陶日久的孩子，他们伴着欢快的节奏活蹦乱跳，仿佛有使不完的劲。

公园正中设有“读木舟”，是专为3—12岁小孩设置的公益儿童阅读小房子。里面摆满精美的儿童绘本与故事书。家长可带着孩子进去翻阅，或者外借。

荷塘边的一块空地，成为轮滑课的教学用地，有占用公地之嫌，却不惹人讨厌。因为教课的老师都是阳光少年，上课的孩子则大都是在公园中玩耍长大的。想来，在开阔而熟悉的地方，学着最喜欢的东西，是一件十分愉悦的事情。

读木舟，引领着孩子划向知识的殿堂

穿戴整齐的孩子，英姿飒爽，认真学艺，无论是前扑后仰，抑或横摔侧翻，都立马翻身爬起，继续学习，勇敢而不娇气。在旁边陪伴的家长，没有干扰孩子的摔爬学步，乐见其成。

在某些特殊的日子或节日里，有些单位会在这里提供一些社会服务，如免费检测体质，宣传法律法规知识及卫生防治知识、消防知识等。这些活动总少不了游戏与奖品，老人与小孩对这样寓教于乐的方式多抱有极大的热情。纸巾、米、盐、碗、盆等奖品很普通，但会让获得者笑逐颜开，喜不自胜。

孩子全副武装，英姿飒爽，享受着他们的飞翔姿态

在某些晴朗的夜晚，文艺培训工作室的广告宣传也常常落脚于此。在垂柳的翠绿丝绦下，放着一张精心设计的海报，摆上古筝、背着吉他，迎着一湖荷风，潇洒献艺；或者拉来移动音响，就着迷离的灯光，翩翩起舞。

在某些华灯初上的黄昏，石岐文化公园也会有静悄悄的时分。行走其间，总会看到几个老人闲坐在石凳上，看着孙儿踏草玩沙。没有了白日的喧嚣，在柔和的灯光之下，老人眼神里，似乎总有一种挥之不去的孤独。我不由心生戚然，习惯了鸡犬相闻的农村老人，为了儿孙的成长与安康，来到人事全新的城市，心中应该有一种背井离乡的怅然与无奈吧？当一片清辉洒落，老人是否会想起家乡古井的月光，是否会记起熟悉的阡陌、庭院的老树？是否会追忆那伴着流水炊烟，守着几片菜地、几棵翠竹的安稳生活？

随着越来越多的老人与孩子出来玩耍，这短暂的安静便被打破了。生长于此的孩子没有丝毫的孤独感，在他们好奇的眼光中，一草一木都那么有趣。天真烂漫的天性，让他们很快地与刚来的伙伴一起玩耍，沉浸在欢乐时光中。老人三三两两，自然亲切地闲谈起来。

有细心的老人从包里掏出瓜果零食，分给孩子。这些恣意玩闹的孩童竟然毫无芥蒂，欣喜地塞进嘴里。看惯了城市人的防备与小心翼翼，我一时愣神。这是多么熟悉的画面啊！像我这种生在农村的小孩，吃“百家饭”长大，对隔壁叔公叔婆家的番薯、玉米，有种近乎迷恋的情怀。敞开的院子、家门、灶房，可随意揭开的锅盖，一切都那么朴素而敞亮。那种自然朴素的亲切感，让我至今难以忘怀。

这不是城市版的“百家饭”吗？我一时恍惚。

“叔叔，您是豆豆的爸爸吗？”

“给你一块糖。”

荷花池塘，一阵荷香，行人
悠闲地行走于凉亭下

一道脆生生的童音、一只肉乎乎的小手，打断了我的思绪。“豆豆”是我三岁小女的乳名，我因此而意外地分到一块糖！原来，即使环境变迁，亦可寻回昨日的人事。只需半弯清月，一曲幽廊，半席闲话，几片可供孩童吧唧的瓜果，便能找回那分享的快乐与友善的淳朴。

我含着那颗糖，漫步在荷塘的曲径里，只觉花月撩人，步步生香。看着老人、孩童闲耍的画面，心生安稳。原来再多的颠沛流离，也可随遇而安。在这样的一座城，能邂逅这样一片园，慢慢老去，真好！

半弯清月，朵朵娇荷

莆峰山上庙幽香

莆峰幽庙

庙幽香暗渺
树老翠觉浓
鸟闲人不惊
梯陡步自重

莆峰山公园风景秀丽、清幽阴凉，是天然的避暑圣地。据清代《香山县志》记载："碓坑在县东三十五里，有石砻石碓，是有碓坑之目。东南坡有土神，名石仔庙。左有深坑，名卖鱼林。丛树幽寂，山水之趣尤深人情。"而其源远流长的宗教历史文化则可上溯南宋之古。袁大仙人的神奇传说，林谦诗酒吟咏的名士风流，以及参天古木的苍遒浓翠，都让那里披上一层古老而神秘的面纱，透着一股缥缈而风雅的魅力，能轻易地让人着迷。

从南朗大车村西北角上山，在苍翠层染的山间，隐约可见一片瓦碧墙红的庙宇群，让人不由啧啧称奇，心生向往。走近跟前，山门牌坊，高耸巍峨，四根朱红门柱冲天而立，正中一道浅红横额写着“蒂

蒂峰山公园的牌匾一派恢宏，尽显飘逸悠远之感

峰公园”四个隽秀飘洒的行体大字，穗黄的飞檐琉璃瓦宛如一顶精秀小帽戴在了横额之上，透着一股飘逸悠远的气度。

山门阶梯宽阔却陡峭，出奇地绵长，一眼望去绵延起伏。沿着阶梯而上，但见两旁树影婆娑，虫鸣鸟叫声不时入耳，顿觉此地意境清幽，出尘脱俗。随步渐上，那掩映的庙宇庭群徐徐露出真容，协天宫、袁大仙庙、山神门官、土地庙、黄大仙祠、文华宝殿、元君庙和观景台等建筑依次呈现，仿唐风格的宫殿群显得雄伟庄严，这令初来乍到的游人倍感震撼。

古老的石柱历经风雨，仍显庄严。柱上蛟龙飞跃，形态逼真，引得游人啧啧称叹

这片庙宇的起源也极具神话色彩，据史料记载，宋时，蒂峰公园前面的坑山一带曾是一片汪洋，坑山却是树木繁茂成林。时有袁匡庐与举子共八人，从东莞乘船赴考，路经蒂峰山脚时，忽遇狂风大雨，缆断船毁，袁匡庐手抱桅杆，随水漂至山脚，幸保性命，但却进退不得，只好上山在碓坑处，用石头与茅草结庐而居，自名“匡庐草堂”。

由于袁匡庐精通岐黄之术，自此刀耕火种，逐渐与各村落的村民熟悉起来，务农兼医，为当地百姓治病解忧，甚得民望。他去世后，后人修墓立碑，其居住的草堂也被保存，此后草堂亦时有破损，而人们却屡烂屡修。后来由粤北南迁的居民就住在碓坑附近，这就是后来的大车村。村民常去拜祭，住在周围的渔民、村民也常来求神问卜。不久之后，有人用大小不等的石头砌成一间神庙，前往供奉的人便多了起来，从此这个地方被称为石仔庙。至清道光年初，村民又集资建四角凉亭式纪念室，光绪年间再次重修。

经历世事沧桑，昔日朴素的草堂小庙虽几经重修，终究还是抵不住岁月的磨洗，古迹毁倒，殊为可惜。那些对故土有着深厚情感的后人，不愿这山间灵气就此逝去，再次集资筹建，最终将一度毁于战火与动乱中的古迹和林木逐渐恢复，延续这份仙缘。如今所见的庙宇群由肖耀坤等香港同胞筹建，散布山间的五座小亭等设施则是林润新等乡亲捐建。

走近大殿，但见香火萦绕、缥缈四散，落魄书生袁匡庐已化身为端坐神坛的袁大仙，有信徒跪拜其下，低头祈祷，神情虔诚而宁静。

“神仙福地真人府，名士骚肠古佛心。”仁者乐山，这一片风水山林自古便能吸引文人墨客、贤良闻达到此避暑吟游，其中最出名的要数大车村名士林谦。

林谦生于清乾隆末年，从河北卸任知县后，他回到家乡，创办云衢书院、设立义仓、筹建榄边墟、设立“四都普惠善堂”、组织乡民对抗匪盗等，是本地深孚众望的“乡贤”。年轻时，他常与知名的文人在此展卷品读、吟诗作赋，组成名噪一时的“八子吟社”，建立“廉让山房”。这片山林也在众多骚人墨客的渲染下成为一时的风景名胜。1936年，在时任县长杨子毅的授意之下，“八子吟社”和“廉让山房”被重修为林乡贤公家庙。原有的石仔庙也得到修缮，此地从此改名为蒂峰公园。

公园内，古树峥嵘，苍翠挺拔，遮天蔽日，可谓“庭中有奇树，绿叶发华滋”。有1934年植树节种下的万年荫树、秋枫，有1945年重修石仔庙时栽植的石栗，而更久远的则是清咸丰年间出自“八子吟社”之手的白兰花、高山榕、细叶榕、荔枝等，而远近闻名的“林乡贤公家庙”就坐落在这片古木环绕之地。在林乡贤公家庙的内柱上，留有民国著名书法家于右任的手迹：“洁清静穆之地，齐肃恪恭其容”，庙内装裱了数幅“八子”诗作及一些石刻诗句，依稀可领略当年“八子”吟对的风采。

庙宇群后面，修有登山梯道，曲折蜿蜒，通向山顶的润新亭。后山植被丰富，主要有马占相思、大叶相思、樟树、荷木等乡土阔叶树，其中零星分布有马尾松、湿地松和桉树。近年来，又大面积种植了枫香、山乌、山杜英、土蜜树、海南蒲桃、铁冬青、尖叶杜英等随季节变化的树种，营造出红绿相衬、层林尽染的景象。

古色古香的庙宇在古树的环绕之下，更显古老

山顶上的润新亭朴实无奇，亭内立碑，著有亭记，记载了袁匡庐游览时写下的诗句：“碓舂珠瀑琴无谱，坑泻濂泉画有声。”可知当时可见碓坑瀑布、石碓石杵的自然景观。如今登亭远望，只有山下村庄的幢幢楼舍、厂房，碧绿的田园，澄清的山塘，带状的公路，那些原本秀丽的景致，只能通过袁匡庐及林乡贤公家庙所藏的诗词篆刻中想象了。

圆融观照的烟墩山

烟墩秋日

烟墩花木淡生烟
纤婉文塔碧清澄
每逢重阳佳夕日
登高岐人踏秋风

烟墩山，石岐之最高峰，亦是城中的幽谧之境。

它不若普通休闲的公园，平铺而就、一眼洞穿，让人心生索然的寡淡；也不似五桂山脉那般绵延高深、神秘幽远，让人生出幽然的怯意。

当你穿越步行街，或绕过光明市场，落入烟墩山麓的那条老旧而斑驳的水泥路时，尘世间的嘈杂就像被山间柔软清风吹拂的尘埃，坠入路边的青苔，杳无踪迹。

烟墩山在古代原是南海的海防前哨之一，上有烽火台，海盗来袭时可焚烟示警。如今烽火台早已不见踪影，沿路而上，没有险峻与嶙峋，却有参天古木与低矮灌木。没有整饬对称的裁剪痕迹，却天然有致。

风和日丽时，繁茂的草木似能淡淡生烟，轻掩光明。恰好的坡弯，移步可换景，寂幽自生。此间风吹木叶，虫鸟间鸣，动与静、明与暗，相衬相怡，天地间黯生一股若即若离之感。栖身于此，拾一缕清风，换一时清明，可把尘碌中些许疲惫的心稍作安放，信步而得一丝心灵的圆融。

古老的烟墩山塔享受着后人的保护，风姿不减当年

烟墩山最著名的景致就是烟墩山塔。烟墩山塔，民间又称“花塔”，塔高 24.5 米，是一座七层八角形楼阁式砖结构塔，塔置平座，棱角牙砖与线砖相间叠出塔檐，塔顶用铸铁制成。花塔临风而立，宛若巨笔直写天上文章，又被称为文笔塔。处于群翠环绕之间，文笔塔玉树临风、纤秀俊逸，颇有文翰风骨，然而它的诞生却与“风水”“财气”相关。

南宋绍兴二十二年（1152 年）香山立县后，由于地处边隅，经济落后，人民生活贫困，在全国被划归“下县”。有人从“风水”的角度解读，说这里地势原属“网缯（即渔网）地”，岐江东西两岸的烟墩山和马山高度不一致，就是张开的“神缯”向烟墩山倾斜，结果“财气”就白白地给漏走了。明万历三十六年（1608 年）九月，香山知县蔡继善接受了乡绅们的提议，在烟墩山上兴修风水塔，使之总高度与长洲的马山相齐。

烟墩山塔在近现代被重修过两次。一次在 1952 年，把原为空心塔的上三层改为实心；一次在 1983 年，于其上装了霓虹灯。重修后的烟墩山塔，白日风姿不减，晚间却熠熠生辉，竟有几分华玉之姿。

七层八角塔巍然耸立，是
绿树丛中一道亮丽的风景

若至重阳佳节，立于石岐之巅的烟墩山塔成为人们登高望远的佳地。夜幕下的文笔塔光澄璀璨、玲珑剔透，于是大多数人都选择夜下登山。往昔静谧的烟墩山，由此变得活跃起来。

重阳节的登高总是与美好的祈愿相关。登山的人们要么家小全出，要么三五知己结伴而行。他们拾级而上，步伐矫健而有力，步履之间透着昂扬的勃发之气。行进时，虽时有遣兴游玩、谈笑嬉戏，却意在顶峰，脚步匆紧。于是当乘兴爬到文笔峰顶，

游人或休憩，或自拍，或赏景，且行且欢乐

看到霓虹灯中俊逸秀美、傲然挺立的文笔塔时，总会微微喘息，而后颇得意地一笑，登高的心愿仿佛已然达成。

完成心愿的人们，下山之时更显轻松惬意，或嬉戏追逐，或取景自拍，或闲停小憩，有的更从背包里拿出水和糕点犒劳自己……人们随心所欲，仰望秋月，侧耳听虫鸣……此时人们总会发现，出发时登高的刻意，早已被意趣的自由取代，伴着烟墩山的风月，喜悦之情愈加酣畅。或许，这是人与烟墩山的另一种融合？

当明月渐落、人潮退去后，烟墩山归寂于往昔的悠然。重阳登高的喧嚣，仿似它接待热情访客的一时喜悦。或许静谧安然的遗立，邂逅随缘的恬淡，才是它悠然圆融的品格。

逸仙湖晚照

湖畔晚步

杨柳堆烟几重翠
俏娘婀娜扭春风
闲堤向晚人依偎
夕晖落水共融融

逸仙湖，那最可亲的碧水。

它，没有太湖的碧水千里，烟波浩渺；没有西湖的精致秀美，浓淡相宜。

它，没有悠久的历史名胜，没有文客骚人的优美笔墨，亦没有才子佳人的绮丽传奇。

它，只是人工开拓的一湖碧水，可爱、可亲，随缘适步，唾手可近。几汪湖水，曲廊亭台，垂柳阴堤，老榕绿地……构成了老街区最闲适自然、最朴实亲切的休闲佳地。

逸仙湖公园位于中山市石岐区繁华的中心商业地带，公园东邻湖滨路，南倚烟墩山。其前身是一片农田和水塘，后来由中山当地的干部群众于 1959 年义务劳动开挖而成，所以又被称为“人工湖公园”。1988 年，中山市政府投资近 300 万元对公园进行相应的调整和改造，为纪念一代伟人孙中山，遂把“人工湖公园”更名为逸仙湖公园。

逸仙湖公园没有高耸的围墙，没有低矮的围栏，甚至与湖滨街的老旧路面都没有明显的边界，一切景致完全敞露在人们的面前，仿若石岐人的自家庭院。

老街区的人对逸仙湖有着执着的偏爱。无论早晚，逸仙湖公园正门牌坊下总会响起动感的广场舞曲，一群头发花白的大叔大妈对着逸仙碧波，迎风起舞。岁月让他们手脚僵硬、腰身不灵，舞姿虽不尽优美，却胜在落落大方，顾盼间的那份神采不因围观者的嘲笑或欣赏而损益半分。

老奶奶闲坐在竹亭下，乘凉、
聊家常，是为饭后一大乐事

湖边有一片绿草地，几棵形态苍遒、宛若游龙的老榕树，葱茏的树冠带出一大片的绿荫。那里是爱唱歌老人的聚集地，一个简易音响，一个略带电流声的麦克风，一本宽大的手抄歌词本，就可唱得兴致盎然。虽然他们的音色有些苍老嘶哑，音准不甚佳，即便破音失准，也乐此不疲，被气息憋得通红的脸，总透出愉悦的满足感。

逸仙湖公园东北角有一个运动休闲的小角落。此处虽只有常见的健身器材、几张简易的乒乓球台，却热闹非凡。撒欢的孩子在功能各异的器材上轮流玩耍，大人在乒乓球台上拼杀，空旷地带就被飘飞的羽毛球占据。从人们红扑扑的脸蛋、汗湿的背心、杀球的叱咤声中……都可轻松感受运动的喜悦。

沿湖信步，踏着铺满鹅卵石的小道，必然遇见那片令人印象深刻的小树林。那里的独特风景是三五成群的花甲老人打牌时狂放恣意的姿态。他们衣着朴素、不修边幅，几个人围在一起，或坐上石凳，或半蹲，甚至直接一屁股坐在地上，用最舒服的方式围成小圈，中间随意铺几张报纸，便可就着扑克牌噼里啪啦地拼杀开来。他们无论洗牌、发牌、出牌都带着风劲，每一张牌的起落，都配上丰富的“挑衅”表情与声音，硬生生把这小小的薄纸片要出了刀光剑影的架势。

每每行过此处，我总会被这牌战的“杀伐”之气感染，情不自禁地凑身上前，感受花甲老人的血热激情！我想，唯有活过足够多的年岁，见过足够多的世事沧桑，方能在50多张方片纸间，寻觅如此酣然的愉悦。

逸仙湖有一段两面临水的湖堤，与临街的热闹隔着一湖的风景。那里有依依垂柳，在石凳上、闲亭中可觅得一时的幽静。夕阳西落时分，爱人总喜欢带着小女徒步湖堤。那时柳絮轻飞，风吹衣薄，余晖照水，偶见扁舟几叶、悠悠荡荡，隐有几分江南名湖的神韵。让人刹那失神，穿行夕晖

临水之亭，杨柳依依，水影深深，一派和谐

| 逸仙湖晚照 |

坐在小船上，欣赏湖上风光，别有趣味

小孩享受着母亲的宠爱，高兴地咯咯笑起来

中的柳荫，脚步总不自觉地慵懒、慢悠起来。临湖的石椅上疏落地坐着几位垂暮的老人，或许粼粼的波光牵起了他们对过往时光的美好记忆，他们的眼神总是落在微微皱起的湖水里，安详而宁静。

“爹爹，我要抱抱！”不足四岁的小女糯糯软软的撒娇声音，打破了我的冥想，我莞尔一笑，欣然搂她入怀。

爱人佯装嗔怒：“宝贝，不是说好了自己走的吗？锻炼身体……”

小女将脑袋拱入我怀里，似惊吓状，但其睫毛的微微颤动，嘴角的微微牵引，却证明那是得逞的狡黠微笑。

逸仙湖没有令人惊艳的景致，反而显得有些落俗而平庸。然而正是这份俗气让人不知不觉心生喜爱，就像最入味的农家小炒，普通的食材，简单烹制，即可让人着迷。

或许正是老城区的人们对逸仙湖公园的喜爱，才让这汪碧水更加可亲可爱。

杜鹃花事

杜鹃吟

杜鹃花发似绛焰
迎风翻舞灼人眼
不辞多情常赴宴
年年无故为谁妍

“一园红艳醉坡陀，自地连梢簇蒨罗。”孙文公园的杜鹃花海，绮丽妩媚、曼妙多情，从不曾将韶光辜负。

踏入孙文公园，只觉春光明媚，草木萌发，处处深红浅翠，生机盎然。杜鹃花正开得绚烂无比、

公园位于主干道尽头，还未到达，就被孙中山先生雕像的器宇轩昂和门口的一派恢宏所吸引

恣意酣畅。“千丛相向背，万朵互低昂。”那密密匝匝的花朵团团簇簇，沿着山坡层层叠起，连绵成片。春风拂过漫山的杜鹃花，如同翻腾的火焰，燃烧了整个春天。

花期正佳，杜鹃花如此娇艳动人，招惹了诸般看客。活蹦乱跳的天真孩童，巧笑倩兮的娇媚少女，健朗矍铄的老人……编织成细密的人流，乘着温柔

杜鹃姑娘娇嫩欲滴，粉嫩诱人，惹得世人痴醉

的暖阳，暂把娇花赏遍，把春光尽藏。

我迈开轻快的脚步，挽着妻儿，穿过人潮，走进那片烂漫的花海。近在咫尺的杜鹃花纤婉晶莹，仿佛浸染了绚烂朝霞。那挨挨挤挤的花朵儿，殷红如火，仿佛把无数的枝丫点燃。那些游走花道的翩翩少女，早已抑制不住内心的喜悦，纷纷遁入花间，迫不及待地寻觅那朵最艳的花儿。但花乱迷人眼，在一阵踌躇后，她们便摆上最婀娜的姿态，露出最娇美的笑容，在镜头中定格瞬间的美。

宋代赵师侠在《醉桃源》中写道："杜鹃花发映山红，韶光觉正浓。"看着与花争艳的女孩们，不由感叹年轻真好。此时，春风乍然吹起，火红的花朵渐次凌乱，如同红绸挂枝头，风姿绰约。花香随风飘荡，弥漫散逸。漫步花道间，沐浴芳香里，整个人如滴落宣纸的水墨，陶然晕开，通体舒泰。原来，即便青春不再，这满园的杜鹃，依然繁花似锦。

行至稍僻静处，有年少的恋人席地相依。温柔的春阳仿似情人的眼波，脉脉倾泻在他们的身上，散发着醉人的幸福。青春年少似这春光般美好，充满了生长的渴望。这花情相寄的爱恋，该何等的刻

香山
來居上

执手的妻子，见状怡然一笑，眉梢舒展，比往昔更温柔。我心微动，请她走入花间，与花合照。妻子早已过豆蔻年华，但摆拍的经验却很老到，一颦一笑之间亦分外娇俏。不经意间，她触碰了花枝，花瓣簌簌飘零，花朵顿时稀落残损。我一时怔住，在最当值的花期，亦有花瓣零落的哀伤，那如花般的爱恋呢？

一时间，我想起了大观园里那个纤弱娇美的女子，想起了悲戚的《葬花吟》，即便顽如宝玉，闻之亦倒地恸哭！

年轻的情侣相互依偎，留下青春年华里最美的合影春光不候，花期匆匆。“花开堪折直须折，莫待无花空折枝”（出自唐代诗人杜秋娘《金缕衣》）。在最当值的年华，在最美的花前，不许下懵懂情缘，到头来，只怕连回忆都变得平淡如水。

花期可再遇，人无再少年。就让青涩的爱恋如花般绽放吧！即便最终凋零，亦可凭花追忆，让流年在哀伤中发酵。

“怎么了？傻愣在那？”妻子温柔问道。

听着熟悉而亲切的声音，我微微一笑，调整好角度，迅速按下快门，把妻子这一刻的美珍存。“甚良缘，把青春抛得远”，在最好的时光里，遇到自

杜鹃花海中，点点殷红，人在丛中笑，景美，而人更美

孩子在青草地上玩耍，卖力地吹出一个个大泡泡

己喜爱的人是多好的运气。

“爸比！你们怎么那么慢！”小女清脆的声音传来，如风中的银铃。

看着小女在不远处卖力地挥手，我大声笑了笑，便牵着妻子，快步走去。

与小女会合后，我从背包里拿出一席绢布，铺在一方草地上，掏出瓜果吃食，再摆上两盅茶，然后捡拾几许落红，就着那些零落的碎花，与妻子对饮。

紫马岭的前朝余风

紫马悠思

少年策马薄锦衣
诗酒红颜偎花丛
前朝韵事多恣逸
紫马冈头剩几宗
嘤鸣谷中阅鸟性
滑草地里笑逐风
坡佗乱红欲迷眼
迷迭香幽暗袭侬

年少多金，衣衫正薄，在万物复苏的春光里，挽手红颜、策马奔腾，这无拘无束、傲骄洒脱的人生，是多么让人艳羡。明清两朝时，曾有一群风华正茂的富家子弟，在满山碧翠的紫马岭恣意跑马、诗酒

累了，可以坐于凌波亭中休息，听孩童戏耍的欢乐声

红颜。更有痴情之人把名驹葬于此地，以奠风流。

如今的紫马岭重修后焕然一新，位列香山名景。真不知那花下的马魂能否忆起，那一段意气风发的流金岁月。一个相仿的明媚春日，我独自游园，寻找那前朝少年遗落的美好。踏入紫马岭公园，便见种类丰富的乔木与灌木沿地势栽植，错落有致。走上通林主道，只觉清亮宽敞、绿树织荫，百年老树盘根错节，独木已成林。既有清峻笔直的松柏、桉树，不蔓不枝、冲天矗立，又有叠翠成蓬的荔枝、龙眼，枝节横生，连理缠结，更有低矮及腰的九里香、爬地柏，蜷缩成球、裁剪成篱。

支径兜回弯转，探入花木幽丛，成片桃木绮丽成林，灼灼其

微风徐来，走于栈道中，静看水光潋滟

华。孤株玉兰，在盈翠拥簇中娇雅独妍。三五成群的紫荆，偎依绽放。高耸英挺的红木棉，顶着一团团跳跃的火苗，在半空中尽情燃烧。一席杜鹃，仿似一匹血红的绸纱铺在草丛中……不经意间，转入幽林中的一湖清水，在曲折的栈道中倚栏赏鱼，在卧水低垂的柳树下静坐冥想。在如此丰茂秀美的植被中，即便孤独行走，也足可养目怡情。

嘤鸣谷是一处妙地，取诗经中“嘤其鹉矣、求其友声”之意命名，是一个大型赏鸟区。景区长120米，宽70米，面积8400平方米，放养一百多个品种的鸟类近八千只，其中有丹顶鹤、白枕鹤、白鹤、灰鹤、白天鹅、孔雀、鸳鸯和黄腹角雉等名珍稀种。区内绿树扶疏、山石嶙峋、涧溪潺流、小潭青碧、水汀芬芳。

各种各样的鸟儿栖息其间，翻飞跳跃，率性啾鸣。有时可见轻盈的白鹤，俏立山石，优雅晾翅；或遇形影成双的鸳鸯，在岸汀的芳草间嬉戏；优雅孔雀在一片翠竹幽影中，身披五色彩锦的羽毛袅娜回转、娉婷起舞……在此信步游览，鸟雀不惊，相亲相娱，让人心旷神怡。

嘤鸣谷，地如其名，是一个名副其实的可以坐听鸟语的好去处

最妙的要数那一片青绿的滑草地，恰好的坡高、绵软的草面、开阔的视野，对那些天真烂漫的孩童有着天然的吸引力。他们可在此撒泼狂奔、恣意翻滚……尽情玩着各种有趣的玩具。往往隔很远就能看到起起落落的飞盘、排风而上的纸鸢、游弋滑翔的泡沫飞机……

走近一瞧，这简直成了孩子欢闹的海洋。玩风车的孩子把手举得老高，铆足劲地奔跑，那色彩绚丽的叶片迎风转成迷幻的漩涡。滑草的孩子坐上滑垫，从高处呼呼而下，带起一阵草屑。经不住诱惑的大哥哥、大姐姐时有加入，轻盈的滑垫往往变成笨重的“拉牛车”，遭到孩子的一致“鄙夷”。

最欢乐的要数那些玩泡泡的稚童了。那轻盈如絮、流彩变幻的泡泡，对他们有着不可思议的吸引力，当一串串泡泡像变戏法般从泡泡枪中喷涌而出时，孩童总会兴奋地追扑，或用手指戳破，或用手掌拍烂，甚至用脚踹破。父母总会在一旁铺上一席简单的绢布或垫子，把各种瓜果、零食、茶水摆上，渴了、饿了、累了的孩子随时可以大快朵颐。

看着孩子灿烂无比的笑容，听着那撒满山冈的笑声，原来不一定要鲜衣怒马、呼啸山林也可恣意欢乐、快意人生。

殷红的玫瑰园花期正佳，远远望去，只见千朵万朵的花儿，挂缀翠丛中，妖冶绽放，宛若掏落了天边的云彩，映红整个山坡。走近跟前，却见那玫瑰花的红泽变幻多端，绛红、嫣红、粉红……层层渐变、娇媚妖娆。在柔软的春风里，那含苞待放的花骨朵儿润红娇嫩，宛如天真俏脱的少女，活泼喜人。在金灿灿的阳光里，那半掩半开的花蕾含羞迎春，恰似情窦初开的少女，柔媚动人。在游人迷醉的目光里，那些完满开放的花朵浓艳舒展，如同那温柔似水的情人，魅惑撩人。

原来，不必有甘醇美酒、红粉佳人，这满园的浅绿深红也足可柔软一段孤寂的时光，酬慰一份寻觅的诗怀。

华佗山上的仙缘

访华佗山

灵山紫气日夕迷
石径蜿蜒隐踪迹
遥想蔡公借仙意
拜落华祖山自奇
香信往来多殷切
不识当年祭奠情

中山有座山，山里有座庙，庙里供奉着华佗仙。

华佗与董奉、张仲景并称为“建安三神医”，为“外科鼻祖”。如此赫赫之名，大凡与之沾亲带故，

华佗山公园牌坊巍峨耸立，
鎏金五字，颇有气势

都有几分荣焉。刘禹锡云：山不在高，有仙则名。可华佗远在安徽亳州，行医足迹虽遍及安徽、河南、山东、江苏等地，但何至于在此建庙朝奉？这其中的仙缘在哪？

我们在南国暖冬踏访华佗山，寻觅“仙缘”。站在山麓上，阳光下的华佗山牌坊巍峨耸立。四根蟠龙冲天柱、黄色琉璃飞檐顶构成中式传统三门牌

雕琢的华佗像，眉目慈悲，手抱济世悬壶，胸怀为民之心

坊，中门大理石横额雕刻着“华佗山公园”楷体金字。从山脚开始修筑的开阔阶梯，贯穿三扇牌门，直通山巅。中门直对的阶梯中间建有蟠龙浮雕，与蟠龙柱遥相呼应，颇有气象。

进入山门，拾阶而上，抬头四望，满目葱茏青翠，无丝毫秋冬的萧瑟与肃杀。

华佗雕塑立在正中，旁边附有华佗简介。以华佗生平为主题的墙雕依山而建，内容依次为“灵山采药”“创五禽戏”“刮骨疗伤”“曹操关杀”。

阶梯沿着浮雕分岔两道，盘山而上。我走向华佗庙方向，那里有着我对华佗山的希冀。阶梯狭窄，人流始分，喧声渐稀，杂树、野草盛茂，幽深自生。柔和的冬阳穿透山木枝叶，留下满径的碎光，山风吹来，光波摇曳。往上攀登，足力渐费，冬日的些许凉意，已挡不住活络的气血带来的热劲，额头、背部有微汗沁出。渐行渐深，便觉清气入体，浊气沉消，气窍渐通，整个人精神焕发。

逢有岔路分指山巅的八角塔与华佗庙，我下意识地选择通往山巅的方向，决定把这座山的文脉仙气留到最后探寻。行之不久，远方隐约传来清脆的金石敲击声，只见一老翁闲坐在石阶上，正在叫卖麦芽糖。称上一两，细细品味，入口时硬，齿咬时黏，缠缠软软，依旧是童年的味道。

近山顶，人声渐盛。华佗山顶有新近修建的八角塔，虽外观古朴，却缺乏岁月的底蕴。不过登高览胜，俯瞰四野青翠，也是不错的选择。

在翠竹点缀的山石旁稍作驻足时，只见石面上雕刻隶书诗行：

华佗山下沛恩波，
春煦秋荫变态多。
翠水盈盈摇古柳，
春分习习长嘉禾。

诗虽不错，只可惜出处与诗意都与神医毫无关联。华佗山与华佗的关联，也许只剩下那一座以华佗命名的庙宇了。

一路上，郁郁葱葱，令人神清气爽

顺坡而下，一路葱郁依旧，沿途偶遇攀爬的年轻人，皆神清气爽、面色红润。游走于青翠林阶，不时见到两旁修葺完好的墓葬山坟，碑文大多显示“十三、四祖”。看来此处风水灵气早受乡梓垂青。

行至山腰幽寂处，见华佗庙掩映在修竹与古树之中。不同于常见的宫殿式造型，庙宇采用硬山方顶，一进三间布局。

这是一座颇有年月的古庙，庙宇简陋古旧，墙角、阶台熏染青苔。在经年风霜的侵袭下，墙壁外皮剥落，裸露的内构青砖，已呈灰黑色。岁月沧桑的气息，伴着幽然自生的凉气，让略有焦躁的心绪安宁。

庙里供奉着多路神仙。左边的先锋庙供奉着杨六郎，门楣写着“福地”，两边的对联为“清风月白绕生趣，水绕山环极大观”。中堂供奉着华佗，堂内两柱挂着一副木板刻对联：“神乎其神可卜勿乐有喜，医者愈也应知降福孔阶。”右边是通康公庙和三仙娘庙，门楣写着“洞天”，两边对联是：“一林花映云无际，半壑松涛月有声。”

中堂前的平台正中有一鼎双人合抱般大的铜香

香炉内烟气缭绕，
香火鼎盛

炉，香客一般在此焚香祷告。炉里烟气缭绕，袅袅娜娜，香火颇为旺盛。

倚着平台的栏杆往下望，弯弯曲曲的石砌阶梯，从半山一直延伸到山脚下的牌坊。游览上香的人沿着宽一米多、两边筑有砖砌围栏的石路，走过七弯、八段，一百二十多级台阶。

我沿石阶走下，游目四望中，终于在庙前牌坊边的一块漆黑的石碑上，看到了华佗庙的由来：

咸丰年间（一八五一至一八六一），乡贤蔡泽蔡公采药至此，仰慕东汉沛国谯人华佗医师，偕子佐辉累石拜祀，嗣后盖庙一肆。

一九〇二年，佐辉公经商有成，遂献款筑庙堂，横截沟壑、拦壩砌墙。疏泉流百步梯，肖悬崖建进山门。美化园林，护卫乡邦。庙宇魏然一新，内外浑然一体。拾级上凳，苍蓬遮日，幽静深邃，沟旁传声，谷应音回，豁然别有洞天，是谓华大仙洞。改革开放后，黎镜源、黎一安倡议护林还庙，开为华洞公园。

山不在高，有仙则名。一九九〇年，华佗古庙确认为中山文物保护单位。

旅美乡梓：张文化伉俪、张少武伉俪立石。壬午年（二〇〇二　孟夏十八日华佗诞辰）落成，村叟黎华辉、蔡汉昌同撰。

这座一百多年的古庙，竟缘起于蔡公对华佗的仰慕之情。按“蔡公采药”推测，蔡公应该也颇懂医术，对治病救人、救死扶伤的医者情怀有着深刻的感悟。累石盖庙、偕子拜祀，肃穆虔诚。

风吹叶落，偶伴几声鸟鸣，这座苍老的华佗古庙，显得愈发幽深与孤寂。往来的俗世香客，只把庙宇当做拜仙许愿的福地，蔡公当年的那一片深情，不过徒增几许神秘的色彩。

原来寻觅良久的“仙缘”，早已随着迷离的香火，消散于风中。

马溪香樟，时光静美

过马溪村

五桂苍苍孕马溪
古樟风荫泽门篱
绕村绿水任绮丽
阡陌幽幽人相怡

五桂山钟灵毓秀，横亘无穷岁月。在它那无尽绿荫的庇佑下，五桂山南麓的马溪村，有着与生俱来的淡然与从容。许多人常常流连在小村幽谧、宁和的气息里，遗忘了都市的羁绊与孜求。

穿过马溪村的牌坊，原野的气息扑面而来，隔

茁壮的古樟树郁郁葱葱，
让人暂时忘却城市的繁嚣

古樟树庇荫着村民，偶见孩子在
树下嬉戏，老人在树下看报

绝了城桂公路车马的无限喧杂。沿着村子右边的小路行走，徐徐的轻风裹着草木的清香，温软而酥醇，仿佛熏染了五桂山绵延的苍翠。

村里房子低矮疏落，总有树木掩映。路上村民稀少，大多是神色怡然、脚步慵懒的老人。偶尔的几声谈笑从屋子里传来，把村子衬托得愈加宁静祥和。不期然间，那一片老香樟树施然入目。此处是村庄的灵秀宝地，村民亲切称之为“风水林”。100多年前，秘鲁华侨古炳佐从异乡带回香樟树苗，并躬身栽种、悉心照拂，以期其茁壮成长、拦护桑梓。如今历经百年风雨的纤纤树苗，已成参天大树。

古樟树屹立百年，愈发生机盎然。厚重浑遒的树干和遮天蔽日的蓬冠撑起一片荫泽，让人心生安稳与淡然。行走林间，风摇影动、枝叶婆娑，有淡淡的樟香随清风散逸。静坐于树下，这份清幽与静好，让人不禁感怀栽树前人的浓郁深情。

村边承合山势水纹，修筑了蜿蜒绿道，并沿道广栽树木。漫步其上，可见青山迎面高耸，绵延千里，宛如龙蛇游走。绿水偎脚潺流，蜿蜒悠悠，萦绕村里人家。树木浓绿成阵，婉娫临水，似与“风水林”

遥相呼应。偶见村人，在山野阡陌往来种作，一派隐逸悠然。明媚阳光，柔柔泻落，山风拂起，青翠扶摇，荡起莹莹绿水，让人一时眼波迷离，仿觉误入靖节桃源。

沿绿道左迂入村舍。这里的民房整齐美观，村道干净平坦，墙壁光洁明亮，画师在墙上描绘色彩艳丽的花木油画，并贴上工业印刷的书法字体，以增村舍姿颜。这份修饰富丽堂皇、明艳招摇，似与小村的乡野气息相冲，仿似给百岁老人施上了浓丽的艳妆，有几分怪异与尴尬。

我走进某条狭窄的小弄，不经意间，发现那些老旧琉璃瓦房的墙上，竟然雕刻着精巧无比的壁画和石雕。虽然经历风霜，不复当年的粉黛颜姿，但那优雅的曲线、巧妙的构图、精致的轮廓，依旧散发着经久的魅力。陈旧的色调和斑驳的墙粉，仿佛古树的年轮，蕴藏着岁月的沧桑，勾起人们的遐想。然而这样一扇古墙，竟然被拙劣墙粉无端切割，把一段牵引着历史迷思的红尘索引，粗蛮剪断，实在令人错愕与无奈。那些藏在老墙痕迹里的故事，就这样随着光洁的粉刷被无情肢解，永远消失。

生活于闲适的马溪村里，
仿佛连时间都跟着变慢

武侯庙是马溪村最古老的记忆，超过 200 年的历史，曾于咸丰辛酉年间重修。武侯，即三国诸葛孔明，为“不毛之地”的南方人敬仰。每年正月初七的武侯诞，村民均进香拜祭。庙前有一方水塘，碧水无波，清寂深邃。塘边有一棵古榕，曲遒如龙、醉卧绿水，透着久经尘世的闲适与淡然。

武侯庙，没有黛瓦红墙，没有雕梁画栋，简陋、低矮地“佝偻”着，即便在简朴民宅的围绕下，也显得默默无闻。若不是古榕树有着独特的气韵，它很容易在匆匆的脚步下被错过。然而驻足凝望时，就会轻易地被那份怡然的苍老感染，那镌刻着前朝记忆的陈旧门墙，平和、不惊世，却是铅华尽洗、厚重陈璞，自有风骨。

我刚好遇见庙宇的又一次重修，无法入内细细瞻仰。经历了那一墙墙的粉艳油画的“惊诧”，只是盼重施“粉黛”的武侯遗庙，不减损陈朴的风华，不惊扰沉睡经年的记忆，在温润的时光里，能让有缘遇见的人们在缭绕的烟气中与之迷玄相遇，唤起心意的相通。

依偎着古榕的盘根，感受着乡野的水风相济，一时恍惚迷离。或许小村的安稳与静美，就如同古榕的落落风姿，无须刻意探寻与苛求，无论是过客，抑或是主人。

名树风流，花木深深

名树园早春

春色三分尚未分
误入园中万木珍
茵茵新枝弄青碧
纤纤幼花调清芬

我一直认为，把所谓的名树名木移植入园是一种曲意媚俗的行为，如同谄媚的选美，即便曾经容颜惊绝，经过整容裁剪，也已变成庸脂俗粉，气韵尽失。最大的噱头不过是用名种标榜血统的尊贵，

名树园中的树木，都经悉心照料，融入园林景观中，更添优雅和秀丽

就像商柜里的翡翠金玉，俗不可耐。

我对花木深有情愫，即便是如参加展销会般浏览名木的标签，只要能鉴定一番名种的血统渊源，就算不虚此行。然而，当我真的落足于园中的蜿蜒石径时，那份极富想象力的精致与优美打碎了我的固执与偏见。这里的树木不是“孤零零”地被明码标价，而被安置得像是以树木为主题的高妙丹青，每一处景观都能精巧地化入诗料。

名木从山野移入园中，经过精心的裁剪与修饰，褪去了原始的粗野与狂狷，但那自带的风流却未曾消减，反而多了几分端庄与优雅。树木、花草、山石、亭廊小榭，被依次巧妙编排，错落有致中显现出水墨画卷般的圆融与隽永。移植树木和谐地融入立体画境，没有丝毫的刻意，彰显设计者的苦心孤诣与匠心独运。

更可贵的是，假山、叠石、花草、闲池诸元素，虽华丽精巧却无丝毫喧宾夺主之感，“名树”自然而然地成为景观主角，其本有的自然之美，被无可挑剔地挖掘出来。浓绿宽冠的“人面子”，光洁瘦峻；蜿蜒疏落的“青松”，清隽风流；清秀叠翠的“雷

阳光午后，坐于亭中，看池中鱼儿嬉戏，悠闲舒适

竹”，摇曳生姿；盘根遒卧的“龙眼”，古意盎然；粗陋曲生的“鸡蛋花树”，朴素内敛……在如此恰好的空间里，那一株株名木，竞相展现自身别具一格的迷人风姿。

“望松池”的清幽隽秀，是无法错过的景致。青松照水、锦鳞浅游、波光摇曳的浅池，错落有间的山石，临风倚水的亭廊，细致入微的精妙布局，让每一寸空间都雕刻着诗意的美。

名树园的人造喷雾，是最奇幻的设施。当那簌簌的喷雾声响起，轻柔的白雾把一切笼罩，原本明艳的景致变得朦胧绰约，空气变得湿润起来，穿泻而下的阳光宛如在那薄如蝉纱的轻雾中搭上融和的灯光，让一切变得更加神秘。漫渺的轻烟穿过指缝，盈满衣袖时，竟让人有种飘飘凭虚之感，真乃如梦似幻，妙入化境。

阳光普照下的名树园，明朗而活泼。叠石的攀爬之乐、草地的翻滚之趣、闲池的锦鳞之美，都对孩子有着强大的吸引力。父母更是爱极了这优美如画的景致，他们只需轻轻地摁下手机，就能把孩子玩耍的天真时光完美记录。无需刻意的对焦与构图，每一帧都是美丽的风景画。名树进了园林，天然成为它最灵动的色彩，让一切都变得美了、可亲了、可爱了。

烟雨朦胧中的名树园，是宁和平静的。我喜欢在潮湿的日子里寻一段分不出晨昏的时光，独自撑伞走上那条石径。那一棵棵体态婀娜的“名木”愈发青翠娇媚，仿似从画卷里走出来的仕女，婉约动人。此时的名树园是那样的静谧温柔，雨水悄悄落入树枝、划过翠叶、沁入翠红，最后消逝在石缝

中，连时光都似乎被淅沥的春雨耽搁了。

轻倚“望松池”的栏杆，看落雨成纹，听流水低吟，偶起的清风卷着几缕雨丝打湿额头。那弥漫不散的水雾，似乎变得愈发轻柔和朦胧，让人如置梦境中，一切都模糊起来。

缠绕的雨丝，凄迷的薄雾，最易勾起心底的淡淡愁思。

或许是一次别离的凄婉。

或许是一次失意的颓然。

或许是一席落红的伤感……

此时，最好能喝上一杯恰如其分的热茶，在淡淡的热气中，温润微红的鼻尖，熏暖潮湿的双眼。

走在小道上，红墙绿瓦，一石一树，格外惬意

树木园的风情道

山　行

森木深深深几许

崎路弯弯弯何穷

隔却红尘无重数

堆得碧翠万千层

无论身居庙堂或抛身江湖，只要红尘游走，难免烦愁染身，琐碎累心。在某个忧馋畏讥时分，总想遁入山野，不为逃避红尘，只盼稍解躁烦。树木园的高深幽远及宁和旷达，总不辜负我排遣的心意。

门口设计简约，门后的郁葱绿叶映衬着“树木园”三个鲜明的红字，让人不自觉地精神焕发

入园即见粗犷而设计颇有匠心的山麓小景。依着地脉水络，开出几亩闲池，植入荷莲，放养鱼龟。池塘间没有繁复精巧的亭台廊榭，仅几许曲径相互连接，并栽桃木、铺绿草，显得朴实而简约。春暖时分，桃花烂漫红，青竹交加翠，流转的清风都含着微熏的芳香，让人心生酥然。

沿着山势，池塘边栽植着一大片翠竹，疏密有致、蔚然成林。其间辟出的几许羊肠小道，青翠掩映，竹影婆娑。偶有簌簌之声响起，竹子的清香顿入心脾，让人忍不住走入通幽的小径，一亲芳泽。

我对竹子独怀情愫。家人总在屋背栽竹种桃，记事起我就与小伙伴在竹林间追逐嬉戏、爬竿抓虫。外婆家更是竹子的故乡，那里漫山遍野都是苗竹。入冬时节，我最喜欢与大舅钻入竹林，挖那刚冒土的冬笋，无论鲜吃抑或晒成干，皆是美味。

深入竹中小道，即便是伴竹而生的我，也被这种类繁多、风标各异的竹子所惊艳。有的细矮及腰、纤柔似草；有的颀长玉立、袅娜多姿；有的挺拔苍劲、通体碧翠；有的厚实如木、澄黄如穗……它们就那么恣意盎然地生长。

清晨，一家老少漫步于此，不仅能呼吸新鲜空气，还能强身健体

树木园的山林不高，却清幽开阔、植被丰茂，移植树种依山势栽培，和原生野木无间契合、扶疏相生。宽敞的主路从山脚盘回辟入山间，沿途依据起伏的山体修葺了许多小岔径与阶梯，探伸至更为深远的地方。树木园现已完成 15 公里登山路、8 公里环山路的修筑，人们可依据足力与时间，选择登山寻幽或环山探秘。山路曲折延伸，两旁的植被被

曲径通幽处，园林花木深

恰如其分地修整，既消退了令人却步的粗蛮感，亦极好地保留了原野的气息。那些珍稀的树木完美地融入森野之中，既不突兀，又为原野增添了亮色，尽显道法自然的精妙，让山林更加亲切秀美。

从闲池两旁入山，有一片碧绿的水域——绿茵湖。此湖由一道简易的人工堤坝，横截天然的山水储蓄而成。湖水清澈宁静，仿如一面澄清的镜子，睡卧山间。那满山的青葱翠绿，无边的蓝天白云，皆落入湖面，相映成趣。

除了横卧的那一段湖堤，湖边完整保留着原野的气息，野草、杂树、翠竹杂乱生长，昆虫蛰伏、鸟雀穿飞。湖里有种如手指般大小的鱼，人来不惊，让人啧啧称奇。

路过绿茵湖，山路渐变陡峭，人流愈加稀落。躬身跋涉间，行路愈难，汗浆也慢慢涌出。不经意间的回首，蓦然发现城市的喧嚣早已被抛诸身后，心绪随之清净柔和。脱去外套，愈发放纵于攀登之趣，俗世的纷繁仿佛随着外衣，已然离去。

在崎岖的弯道上，不期然邂逅陌生人的微笑。那被青翠熏染的笑脸，如山间流淌的甘泉般清澈，

漫步于湖边，什么都不做，什么都不想，
静看蓝天碧水，就十分美好

不带人间烟火的俗气。当足力渐罄，偶作休憩之时，不觉清凉入脾，身心舒畅。举目唯见青苍叠翠，不曾损益半分；侧耳犹听绿水潺流，不曾停歇须臾。一时间，天地为之开阔，竟生出修筑山野、隐逸山林之意。

山风吹来，微感凉意，我重新披上脱去的外套。原来尘世的烦扰不是真被“脱掉”，而是落入更宽广的心田罢了。